ÉDUCATION DU PREMIER AGE

UTILITÉ DES CRÈCHES ET DES SOCIÉTÉS DE CHARITÉ MATERNELLE.

CONFÉRENCE

Faite par M. le Dr BROCHARD

Chevalier de la Légion d'honneur, Lauréat de l'Institut,
Rédacteur en chef de *la Jeune Mère*,

EN FAVEUR DE LA SOCIÉTÉ DE CHARITÉ MATERNELLE DE SAINT-ÉTIENNE

A l'Hôtel-de-Ville de Saint-Étienne,
LE 10 DÉCEMBRE 1876

SAINT-ÉTIENNE
IMPRIMERIE DE THEOLIER FRÈRES.
Rue Gérentet, 12.

1876

ÉDUCATION DU PREMIER AGE

UTILITÉ DES CRÈCHES ET DES SOCIÉTÉS DE CHARITÉ MATERNELLE.

CONFÉRENCE

Faite par M. le Dr BROCHARD,

Chevalier de la Légion d'honneur, Lauréat de l'Institut,
Rédacteur en chef de *la Jeune Mère*,

EN FAVEUR DE LA SOCIÉTÉ DE CHARITÉ MATERNELLE DE SAINT-ÉTIENNE

A l'Hôtel-de-Ville de Saint-Etienne,

LE 10 DÉCEMBRE 1876.

MESDAMES, MESSIEURS,

De toutes les récompenses qui m'ont été décernées pour
mes travaux sur la mortalité des nouveau-nés, aucune ne
m'a causé autant de joie, autant de satisfaction, autant
d'orgueil, je puis le dire, que l'honneur qui m'est fait
aujourd'hui de prendre la parole sur ce sujet, dans cette
grande et belle ville de Saint-Etienne, dont la charité est

connue de toute la France et dont la charité maternelle surtout est légendaire. Aussi, ai-je été heureux de répondre à l'appel qu'a bien voulu me faire Mme la Présidente de la Société de Charité maternelle, de venir, au milieu de ce concert, vous entretenir, Mesdames, de ce que vous avez de plus cher au monde, de vos enfants, et vous parler d'un sentiment que vous connaissez toutes : l'amour maternel. Il me sera d'autant plus facile de traiter ici ce double sujet, que, vous-mêmes, Mesdames, allez me fournir les couleurs du tableau que je vais, dans quelques instants, esquisser sous vos yeux. A ce titre, Mesdames, j'ose espérer que vous voudrez bien m'accorder toute votre indulgence.

Puissé-je vous démontrer que rien n'est plus aisé, rien n'est plus facile que de bien élever un enfant. Puissé-je vous démontrer que l'amour maternel qui est, pour la femme, la source des plus pures jouissances, est pour la société la base la plus vive de l'ordre moral. Puissé-je vous démontrer que l'amour maternel, qui se lie d'une manière si intime aux besoins du nouveau-né, se lie d'une manière non moins étroite aux intérêts sacrés de la famille, de la société et de la religion.

Aussitôt que l'enfant a vu le jour, il jette un cri. Ce cri fait tressaillir de joie et de bonheur la jeune mère et lui fait oublier de longues heures de souffrances. Une mère ne peut l'entendre sans être profondément émue. Malheur à la femme chez laquelle ce cri ne fait pas naître le sentiment de l'amour maternel ; malheur à la femme qui ne sourit pas à son enfant lorsqu'elle l'entend crier pour la première fois.

Tous les philosophes ont été touchés de l'état de faiblesse
de l'enfant qui vient au monde. Une mère peut-elle regar-
der sans pitié ce petit être qui crie et qui implore sa ten-
dresse ? Dieu a voulu que la femme nourrit elle-même son
enfant. Pour cela, il lui a donné du lait lorsqu'elle devient
mère. Mais Dieu a voulu également que la femme aimât son
nouveau-né. Pour cela, il a placé ses mamelles à la partie
antérieure de sa poitrine, afin qu'en l'allaitant, elle le tint
dans ses bras et put ainsi le voir et le contempler. L'une
des mamelles, enfin, est placée sur la région précordiale
afin qu'en l'allaitant, elle puisse le presser sur son cœur, et
lui témoigner ainsi son amour. L'amour maternel est donc,
comme l'allaitement maternel, une loi primordiale de la
nature à laquelle nulle femme ne peut ni ne doit se soustraire. Il est, comme lui, d'institution divine.

La morale, l'histoire, la religion ont, de tout temps, célé-
bré l'amour maternel. Plutarque a, dans des pages admi-
rables , démontré l'obligation dans laquelle se trouvent
toutes les mères de nourrir elles-mêmes leurs enfants.
Cornélie, la mère des Gracques, invitée par une dame étrangère à lui montrer ses bijoux, lui montra ses deux enfants
jouant auprès d'elle. Plus tard, le christianisme sanctifia ce
noble sentiment. Nous voyons la mère des Macchabées rap-
peler à ses fils, pour les encourager, au moment du mar-
tyre, « qu'elle les a nourris de son propre lait. » A une
époque plus rapprochée de nous, nous voyons saint Vin-
cent-de-Paul créer, en faveur des enfants abandonnés et
pour suppléer à l'amour maternel, un ordre religieux, qui
est l'expression pure et chrétienne de ce sentiment, l'ordre

admirable des Filles de la charité, devant lequel tous les peuples s'inclinent et que toutes les nations envient à la France catholique.

Le sentiment de l'amour maternel est tellement lié à l'organisation de la femme, qu'aussitôt que l'enfant est né, le lait qui doit être son premier aliment, se forme dans le sein de sa mère. La première manifestation de l'amour maternel, chez la femme, est donc de présenter le sein à son enfant et de lui donner cet aliment que la Providence elle-même a préparé. Le lait maternel est le seul aliment qui convienne au nouveau-né. Par une heureuse et douce réciprocité, il est le seul bonheur que l'enfant puisse avoir à cet âge. Aussi, est-ce à sa mère qui lui donne le sein, que l'enfant adresse son premier sourire, sourire d'amour et de reconnaissance. Ah ! Mesdames, lorsque vous confiez un enfant à une nourrice mercenaire, vous vous privez* de ce bonheur. Je vous plains, mais... je ne vous comprends pas.

Faut-il, Mesdames, pour vous engager à obéir à cette loi divine, vous dire les jouissances de la femme qui nourrit son enfant ? Faut-il vous représenter la jeune mère, pressant son nouveau-né sur son cœur, lui apprenant, en souriant, à la connaître et à l'aimer ? Faut-il vous la représenter du regard, conversant avec lui, par ce langage muet et amoureux, excitant, développant son intelligence ? Non, Mesdames, il suffira de vous dire que la mère qui ne nourrit pas, *double* et *triple* volontairement les chances de mort de son enfant ; il suffira de vous dire que la mère qui ne nourrit pas, se prive *volontairement* du premier baiser, du premier sourire de son nouveau-né. C'est là sa première punition, c'est là le juste et légitime châtiment que lui inflige la nature, dont elle a sciemment méconnu les lois.

Une mère qui a nourri elle-même peut seule dire que son enfant est formé à son image ; car, si le lait renferme, comme le sang, la force ou la faiblesse, il renferme, comme lui, le vice ou la vertu. Une femme qui, pendant neuf mois, a marqué à son empreinte l'enfant qu'elle porte dans son sein, le marque, en le nourrissant, du sceau maternel. Lorsqu'elle charge une mercenaire de nourrir son enfant, jusque-là fait à son image, cette femme le marque d'une empreinte étrangère, et cette empreinte, qui ne s'effacera jamais, est quelquefois celle d'un vice honteux ou incurable. Vous voyez, Mesdames, combien sont grandes les joies de l'allaitement maternel, combien sont grandes les tristesses de l'allaitement mercenaire.

Je ne vous ferai pas l'injure, Mesdames, après les statistiques lamentables publiées sur ce sujet, de supposer que vous puissiez encore envoyer vos enfants en nourrice. Si je vous disais, Mesdames, tout ce que j'ai vu dans le service de la direction des nourrices de Paris, dont j'ai été chargé pendant dix-huit ans, si je vous disais les centaines, les milliers de nourrissons que j'ai vus disparaître sans emporter même un regret, une larme, vous sauriez combien ces pauvres enfants courent de dangers dans les campagnes, combien leurs mères ont peu de chances de les revoir. Presque tous ces nourrissons meurent de faim ou sont victimes des plus cruels accidents. On ne peut, sans frémir, songer au grand nombre de nourrissons qui meurent brûlés, tous les ans. Si je n'avais été témoin de ces morts cruelles, je vous avoue, Mesdames, que j'aurais peine à croire à une telle horreur.

Tandis que le chiffre de la mortalité des enfants nourris et élevés par leurs mères, varie, en France, de 10 à 16 pour cent, la mortalité des enfants mis en nourrice est, en moyenne de 51 pour cent. Dans certains départements, elle est même beaucoup plus élevée. Ces chiffres démontrent que rien pour le nouveau-né, ne peut remplacer le lait et l'amour maternels.

Un de nos plus savants confrères de ce département, le d^r Fredet, de Saint-Chamond, a, cette année même, dans sa clientèle, observé 66 naissances, 52 de ces nouveau-nés ont été nourris par leurs mères, 6 seulement sont morts. 14 ont été envoyés en nourrice, 8 sont morts. Dans le département de la Creuse, où l'industrie nourricière est complètement inconnue, la mortalité des nouveau-nés n'est que de 10 à 13 pour cent.

Puissiez-vous, Mesdames, ne pas oublier ces chiffres.

J'étais, il y quelques jours, au Congrès d'hygiène de Bruxelles. Là, j'ai entendu le d^r Kuborn proclamer avec fierté qu'en Belgique le nombre des naissances augmente, en même temps que la mortalité des nouveau-nés diminue. Ce dernier résultat, a-t-il ajouté, est dû à ce que les femmes belges nourrissent leurs enfants et ne les mettent pas en nourrice, comme en France. Là, j'ai entendu le docteur Broch, de Christiana, dire, qu'en Norwége, la mortalité des nouveau-nés n'est que de 10 pour cent, parce que toutes les mères allaitent elles-mêmes leurs enfants et ne les mettent pas en nourrice, comme en France. Ah ! Mesdames, que j'ai souffert pour vous de voir que, partout à l'Etranger, on vous accuse, avec raison, d'oublier le plus beau, le plus sacré de vos devoirs !

Afin de soustraire leurs nouveau-nés aux dangers que je viens d'énumérer, afin quelquefois aussi d'obéir à la mode, un grand nombre de jeunes femmes prennent une nourrice chez elles. Je ne vous parlerai pas, Mesdames, des ennuis de toute sorte auxquels s'expose la femme qui se soumet à la dictature d'une nourrice. Plusieurs d'entre vous probablement les ont connus ces ennuis, les ont appréciés. Mais, si en agissant ainsi, une jeune femme croit satisfaire à toutes les exigences de l'amour maternel, permettez-moi de vous dire qu'elle est dans une grande erreur.

Le sentiment de l'amour maternel chez la femme ne se borne pas à son propre enfant. C'est un sentiment plus généreux et plus général qui unit entre elles toutes les mères et qui s'étend à tous les nouveau-nés. Il faut donc, Mesdames, lorsque vous prenez une nourrice, songer au nouveau-né de cette femme que vous privez du lait maternel. Eh bien ! vous êtes-vous demandé quelquefois ce que devenait le ménage de cette nourrice que vous entourez, chez vous de luxe et de bien-être ? Vous êtes-vous demandé quelquefois, ce que devenait son enfant, que vous lui faites sevrer pour nourrir le vôtre ? Voici la réponse que la statistique fait à cette question :

« Le ménage d'une femme qui se place comme nourrice,
« est presque toujours un ménage perdu ; son enfant, sevré
« prématurément, est presque toujours un enfant sacrifié. »

Dans certaines contrées, la mortalité des enfants des nourrices sur lieu est de 64 *pour cent* ; dans d'autres, de 87 *pour cent.*

Il dépend de vous, Mesdames, d'arrêter cette mortalité qui est, pour la France, une cause puissante de démoralisation et de dépopulation.

L'amour maternel est instinctif chez la femme. Nous voyons la petite fille qui joue à la poupée, la mettre dans son berceau, bien l'envelopper pour qu'elle n'ait pas froid, lui donner même de la tisane lorsqu'elle est enrhumée. Malheureusement l'éducation que l'on donne aujourd'hui aux jeunes filles est essentiellement fausse. On leur apprend tout, excepté les devoirs qu'elles auront à remplir lorsqu'elles deviendront mères. Loin d'étouffer, comme on le fait, chez les jeunes filles cet instinct, ce sentiment de la maternité, il faut, au contraire, le développer avec toutes les convenances qu'exigent la morale et la religion. Ah ! Mesdames, ne renoncez pas aux doux et saints devoirs de la maternité pour satisfaire vos plaisirs ou pour d'autres motifs que je ne veux pas énumérer ici. Sachez que tout le monde s'incline avec respect devant une jeune mère entourée de ses enfants.

Mais ce n'est pas tout pour la femme, Mesdames, de nourrir son enfant, il faut bien le nourrir, bien l'élever. Pour cela, il faut connaître les règles de l'allaitement maternel. Pour cela, il faut bien connaître l'hygiène du premier âge. C'est pour cela, Mesdames, que j'ai créé le journal *La Jeune Mère,* que j'ai écrit le *Guide pratique de la Jeune Mère,* et tant d'autres petits livres dans lesquels je cherche à vous enseigner l'éducation du nouveau-né, que presque toutes les jeunes femmes ignorent et qu'entourent partout le préjugés les plus ridicules. Sachez, Mesdames, que *le lait de la mère seul* convient à l'enfant qui vient de naître, et cela pendant plusieurs mois. N'écoutez jamais vos gardes qui vous disent qu'il faut faire manger vos nouveau-nés. *Presque tous les enfants meurent parce qu'ils mangent trop ou parce qu'ils mangent trop tôt.* Si votre lait devient insuffisant ou si vous craignez de vous fatiguer, donnez à votre enfant, au bout de quelques mois, du lait de vache ou du lait de chèvre, et si vous n'en avez pas, employez sans hésiter le *lait concentré suisse,* qui est une excellente chose, parce que cela n'est que du lait. N'oubliez jamais que rien ne peut ni ne doit remplacer le lait chez le nouveau-né. Ce n'est que vers le 5ᵉ ou le 6ᵉ mois que vous pouvez commencer l'usage d'une fécule légère. N'employez jamais ces substances que la *réclame* vous dit pouvoir remplacer le lait maternel. Toutes ces réclames sont mensongères et fatales aux nouveau-nés. Faites des fécules légères avec de la farine de froment, avec de la farine d'avoine, dite farine Morton, qui est encore meilleure parce qu'elle contient moins de gluten. Faites des panades légères, dites crèmes de pain, employez les biscettes de Bruxelles et vous réussirez toujours. Surtout ne donnez jamais à vos enfants toute espèce de soupe, comme vous le conseillent vos gardes, ces femmes que j'ai en horreur parce qu'elles font mourir les trois quarts des nouveau-nés par le régime stupide qu'elles leur imposent. Rappelez-vous, Mesdames, qu'un enfant qui *mange de tout* est un enfant, sinon condamné à la mort, du moins condamné à une mauvaise santé.

Habillez vos nouveau-nés avec intelligence, renoncez à ce maillot ridicule que l'on emploie à Lyon et dans lequel on enferme les enfants comme de véritables momies. Que vos nouveau-nés aient toujours leurs bras libres, serrez très-peu leurs maillots et, au bout de quelques mois, habillez-les à l'anglaise. Tenez-les très-proprement. Lavez et nettoyez leur tête, comme vous lavez et nettoyez les autres parties du corps. Ne permettez jamais que vos enfants aient de la crasse sur la tête, signe d'une horrible malpropreté. Ici encore n'écoutez pas vos gardes, qui vous diront « que si vous nettoyez la tête de vos enfants, *cela leur tombera sur les yeux.* » Ah ! Mesdames, si ces affreuses gardes n'ont pas comme les enfants de la crasse sur la tête, elles ont un voile bien épais sur leur intelligence. Ne couchez jamais vos enfants sur la plume, ne les couchez jamais dans des berceaux sans pieds et renoncez à ce bercement à outrance qui ne peut que leur faire du mal. Un matelas de crin, de varech ou de balle d'avoine, et un *feutre absorbant*, voilà toute la literie du nouveau-né. N'abusez pas des petites voitures qui ébranlent le cerveau des nouveau-nés et dans lesquelles ces petits êtres ont froid. Apprenez, Mesdames, à porter vos enfants, comme le font avec tant de grâce les jeunes femmes belges ; mais, pour cela, j'ai le regret de vous le dire, il faut renoncer aux *hauts talons* et aux *robes bridées* qui vous empêchent d'équilibrer votre marche et qui vous feront tomber toutes les fois que vous aurez un enfant dans les bras.

Presque toutes les maladies des nourrissons sont le résultat de fautes commises contre l'hygiène ; on peut donc les éviter. Ah ! Mesdames, demandez à mes confrères qui me font l'honneur de m'écouter, et aux lumières desquels vous vous adressez, chaque jour, lorsque vos enfants sont malades ; demandez-leur s'il n'eût pas été facile, bien souvent, d'éviter ces maladies. Ils vous répondront, comme moi, que la plupart du temps vous les eussiez évitées *si vous aviez connu l'hygiène du premier âge*. Vous comprenez, dès lors, Mesdames, toute l'importance de cette étude, toute l'importance qu'il y a à bien élever vos enfants.

J'ai dit tout à l'heure que l'amour maternel n'était pas, chez la femme, un sentiment égoïste, s'appliquant seulement à son nouveau-né, mais s'appliquant d'une manière générale à tous les nouveau-nés. Eh bien ! Mesdames, la Société de Charité maternelle est la plus belle expression du sentiment de l'amour maternel ainsi compris, s'appliquant à tous les nouveau-nés, et établissant ainsi une étroite solidarité entre toutes les mères de famille.

Si les joies de la famille sont les mêmes pour la femme du monde et pour l'ouvrière, les charges de la famille sont bien différentes pour la femme qu'entourent le luxe et le bien-être et pour la femme qui est obligée de vivre de son travail de chaque jour. Aussi, l'ouvrière qui devient une bonne mère de famille est-elle aux yeux de tous, aux yeux surtout de la morale et de la religion, digne d'honneur et d'estime. C'est cette pensée, Mesdames, qui a fait naître, dans cette grande cité manufacturière, la Société de Charité maternelle en faveur de laquelle j'ai l'honneur de porter la parole.

Vous savez comme moi, Mesdames, que la Société de Charité maternelle a pour but d'aider les mères de famille pauvres à nourrir leurs enfants, en leur accordant des dons en nature et en argent. Il n'existe donc pas de Société ayant un but plus moral et plus social, puisqu'elle se propose de reconstituer la famille dans la classe ouvrière, en empêchant les mères d'envoyer leurs enfants en nourrice, c'est-à-dire de les envoyer à la mort... Mais, pour assister une mère de famille pauvre, et pour sauver la vie à son nouveau-né, il faut de l'argent, Mesdames, il en faut même beaucoup.

Si je ne craignais de blesser la modestie de personnes ici présentes, je vous raconterais le zèle, le dévoûment de Mme la Présidente, de Mme la Secrétaire de la Société. Je vous dirais le travail de Mme la Trésorière, toujours occupée, pour me servir d'une expression vulgaire, « à joindre les deux bouts de son budget quand il lui manque le nerf de la guerre. » Je vous dirais le zèle des dames patronnesses, des dames visiteuses qui ne craignent pas d'aller dans les quartiers les plus reculés, dans les plus humbles mansardes, chercher les infortunes qu'elles doivent secourir.

Pour ne blesser ici la modestie de personne, j'aime mieux vous dire les angoisses de ces dames lorsqu'elles se trouvent en présence d'une infortune qu'elles ne peuvent soulager et lorsque, faute de fonds, elles ne peuvent admettre au secours une mère de famille qui en aurait cependant si grand besoin et qui a là, couché près d'elle sur un grabat, un nouveau-né qui ne vivra pas.... *parce que la Société n'a pas d'argent.*

Puisque les souscriptions particulières forment les seules

ressources de la Société de Charité maternelle, comment se fait-il qu'il n'y ait pas, à Saint-Etienne, un plus grand nombre de Sociétaires? Comment se fait-il qu'il n'y en ait que deux ou trois cents, là où il devrait y en avoir des centaines et même des milliers? Et cependant, Mesdames, les comptes-rendus que j'ai entre les mains démontrent, sans réplique aucune, que la mortalité des enfants diminue à mesure que les ressources de la Société augmentent.

Il y a là, Mesdames, un oubli ou une erreur que vous devez vous hâter de réparer. *Toutes les mères de famille de Saint-Etienne* doivent aujourd'hui faire partie de la Société de Charité maternelle. Toutes désormais doivent être fières de mettre au-dessous de leur signature, au-dessous même de leur blason : *Membre de la Société de Charité maternelle.* Elles prouveront ainsi que le sentiment de la maternité, si rare, hélas ! aujourd'hui en France, existe encore dans leur cœur. Et ici, Mesdames, il ne s'agit pas seulement des intérêts de Saint-Etienne, il s'agit des intérêts de toute la France. N'oubliez pas, Mesdames, que, sous le rapport du nombre des naissances, sous le rapport de l'accroissement de la population, la France est, aujourd'hui, *au dernier rang des nations européennes.* Aidez, encouragez la Société de Charité maternelle, vous contribuerez à augmenter la population de la France et à relever notre malheureuse patrie.

N'oubliez pas, Mesdames, que les nouveau-nés d'aujourd'hui sont les hommes qui, un jour, répareront nos désastres. Puis, Mesdames, lorsque la Société de Charité maternelle sera complète , c'est-à-dire lorsque vous en ferez *toutes* partie, vous songerez à créer des crèches à Saint-Etienne.

Il est inouï qne, dans cette grande cité manufacturière, qui occupe cent mille ouvriers, il n'y ait pas une seule crèche, un seul de ces établissements, si essentiellement protecteurs de la vie des nouveau-nés. En Belgique, il n'y a pas une seule ville où il n'y ait une ou plusieurs crèches. A Liége, seulement, il y en a neuf. Emue du triste sort des petits oiseaux qui attendent, sur le quai, le jour et l'heure du marché, la Société protectrice des animaux de Paris va créer une crèche pour ces intéressantes petites bêtes. Souffrirez-vous, Mesdames et Messieurs, qu'il existe, à Paris, une crèche pour les petits oiseaux, quand il n'en existe pas, à Saint-Etienne, pour les nouveau-nés de vos ouvrières ? Ah ! ne permettez pas que la Société protectrice des animaux vous fasse une semblable insulte.

Lorsque les Dames Patronnesses de la Société vont tout à l'heure faire un appel à votre bienfaisance, n'oubliez pas cet axiome de la charité : Ce que l'on donne aux pauvres, Dieu vous le rend. Permettez-moi, Mesdames, de modifier cet axiome de la charité et de vous dire : Ce que l'on donne à une mère de famille pauvre, Dieu vous le rend au centuple. Par conséquent, Mesdames, ce n'est pas de l'argent qu'il faut donner, c'est de l'or, si vous le pouvez. Donnez, Mesdames, donnez de l'or pour faire vivre ces nouveaux nés qui manquent de tout, Dieu vous le rendra au centuple, en bonheur pour vos enfants, en bonheur pour votre famille.

Et vous, jeunes filles, qui êtes venues assister à cette

fête de l'enfance, apportez-nous votre obole, préludez, par un acte de bienfaisance, aux saintes joies de la maternité. Lorsque votre tour viendra de veiller près d'un enfant bien aimé, vous vous rappellerez que vous avez aujourd'hui sauvé la vie à un nouveau-né, et ce souvenir entourera d'une auréole de bonheur le petit berceau qui renfermera vos plus chères espérances et près duquel, Mesdemoiselles, je vous souhaite de ne jamais verser des larmes.

Vous êtes encore assez jeunes, Mesdemoiselles, pour que je puisse vous dire, sans vous blesser, qu'il y a peu de temps encore, vous jouiez à la poupée. Vous aviez des poupées qui disaient : Papa, maman ; vous vous amusiez à les habiller et vous leur faisiez de charmantes petites layettes ; vous leur brodiez même des robes... lorsqu'elles avaient des visites à faire. Eh bien ! Mesdemoiselles, je connais des petites poupées qui sont bien plus jolies que celles qui vous rendaient si heureuses ; non-seulement, elles disent, comme les vôtres : *Papa et maman*, mais elles disent encore : *J'ai faim .. j'ai froid... Maman n'a rien à me donner, ni pain, ni vêtement.* Ces petites poupées qui manquent de tout, Mesdemoiselles, ce sont les nouveau-nés des pauvres mères de famille de cette grande cité, que secourent les Dames Patronnesses de la Société de Charité maternelle. Ah ! Mesdemoiselles, habillez ces petites poupées, faites-leur des layettes et demandez aux Dames Patronnesses de la Société de Charité maternelle, dont quelques-unes sont vos mères, la permission de les accompagner et de porter vous-mêmes les layettes que vous aurez faites. Ah ! Mesdemoiselles, ces petites poupées vous diront : *Merci*, et vous sentirez de douces larmes couler dans vos yeux. Vous comprendrez ainsi combien est douce, pure et sainte la charité que l'on fait à l'enfance.

Mères de famille, Ministres de la religion, Magistrats qui m'écoutez, enrôlez-vous dans les rangs de la Société de Charité maternelle et enseignez à tous, avec nous, que la vie d'un nouveau-né est quelque chose qui doit se compter, quelque chose surtout qui doit être respecté.

Permettez-moi, Mesdames, en terminant, une dernière considération.

L'amour maternel a toujours été, dans tous les temps, chez tous les peuples, l'objet du respect universel. A Rome, et ici j'entends parler de Rome païenne, à Rome, lorsqu'une femme enceinte traversait la voie publique, la foule s'entr'ouvrait pour lui laisser le milieu de la voie qui, seule alors, était dallée. Des licteurs eux-mêmes s'arrêtaient, déposaient leurs faisceaux et s'inclinaient. Vous voyez, Mesdames, combien on a toujours respecté le sentiment de la maternité. Pourquoi faut-il, hélas ! que depuis quelques années, ce sentiment se soit affaibli en France ?

Ah ! Mesdames, je vous en conjure, n'oubliez jamais que l'amour maternel est une sainte et brillante auréole qui vous entoure partout de respect, d'honneur et d'estime. N'oubliez jamais que l'amour maternel a toujours fait, et fera toujours, votre gloire, votre charme et votre bonheur.

Dr BROCHARD.

Saint-Étienne, imp. Taforik frères.